LIVRET

DE

L'ARCHICONFRERIE

DU

CORDON DE SAINT FRANÇOIS

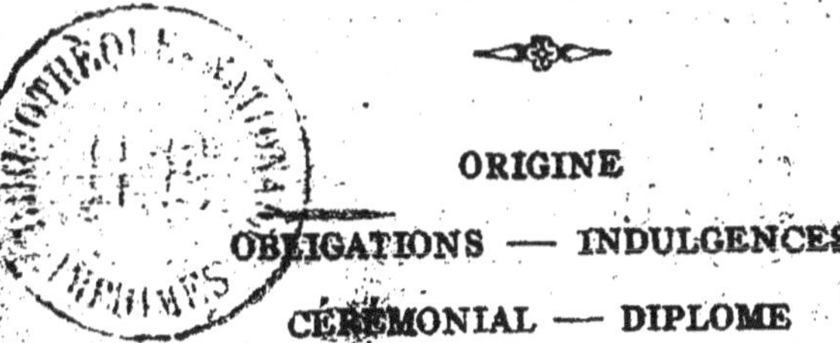

ORIGINE

OBLIGATIONS — INDULGENCES

CÉRÉMONIAL — DIPLOME

PARIS

SOCIÉTÉ ET LIBRAIRIE SAINT-FRANÇOIS

4, RUE CASSETTE

1928

OBJETS UTILES AUX TERTIAIRES

Scapulaires : Grand, 7.00; Moyen, 3.75; Petit 1.95
Scapulaires Jules II : Grand, 12.00; Moyen, 11.00;
  Petit 10.00
Cordes en chanvre : Grosse, 1.75; Moyenne, 1.35 ;
  Petite 1.10
Cordes en coton 1.25
Cordes en laine 3.50

PERIODIQUES FRANCISCAINS

Annales Franciscaines. Revue mensuelle à l'usa-
  ge des Tertiaires. Abonnement : France, 9.00.
  Pour les autres pays 11.00
Etudes Franciscaines. Paraît tous les deux mois
  par fascicules de 112 pages. Abonnement : France,
  36.00. Autres pays 40.00
**Revue sacerdotale du Tiers-Ordre de Saint
  François**, à l'usage des prêtres Tertiaires. Abon-
  nement, France, 9.00. Pour les autres pays 10.00
Almanach Franciscain, chaque année ... 2.50
Etrennes séraphiques, calend., chaque année 0.60

IMPRIMERIE J. DUCULOT, GEMBLOUX (BELGIQUE)

Librairie SAINT FRANÇOIS D'ASSISE

4, RUE CASSETTE, PARIS (VIe)

OUVRAGES SUR SAINT FRANÇOIS

Saint François d'Assise, par le P. LÉOPOLD DE CHÉRANCÉ, O. M. C., 40e mille in-12 ...... 12.00

Saint François d'Assise, par le P. LÉOPOLD DE CHÉRANCÉ, édition populaire in-12 ...... 2.50

Saint François d'Assise, par le P. CUTHBERT, O. M. C., adapté de l'anglais sur la 4e édition, par l'abbé BROUSSE, du diocèse de Versailles, 2e éd., fort volume in-8° 24.00

Histoire de Saint François d'Assise, par l'abbé LÉON LE MONNIER, (7e éd.), 2 vol. in-8° 24.00

Saint François d'Assise (Légende), par THOMAS DE CÉLANO. Traduction de l'abbé FAGOT, tirage en deux couleurs, in-8° 18.00

Histoire du Frère François d'Assise, le Chevalier du Christ, par PECORELLA DI DIO, illustrations in-12 .... 7.50

Saint François d'Assise, sa Personnalité, sa Spiritualité, par le P. GRATIEN, O. M. C., 6.00

Les Fioretti de Saint François, suivies des considérations sur les Stigmates, de la vie du Fr. Junipère, du Bx Egide, in-12 .... 9.00

Saint François d'Assise et l'influence sociale de l'Evangile, par le P. GRATIEN, O. M. C. 2.00

Saint François d'Assise, Réalisateur de l'Evangile, par le P. AUGUSTE, O. M. C., broch. 1.50

Saint François d'Assise, Septième Centenaire. 1 broch. 2,00

L'Idéal de Saint François d'Assise, par le P. HILARIN DE LUCERNE, O. M. C., 2 vol. in-8° 24.00

Imitation du Séraphique et très noble saint, François d'Assise, par l'abbé GARZEND. Illustrations in-12. .... 12.00

LIVRET

DE

L'ARCHICONFRÉRIE

DU

CORDON DE SAINT FRANÇOIS

ORIGINE

OBLIGATIONS — INDULGENCES

CÉRÉMONIAL — DIPLOME

SOCIÉTÉ ET LIBRAIRIE SAINT-FRANÇOIS
4, RUE CASSETTE
1928

†

ARCHICONFRÉRIE
DU CORDON SÉRAPHIQUE

DIPLOME

Nous soussigné, déclarons que

M ....

....

a été admis .... **dans l'Archiconfrérie
du Cordon de Saint François,** *le* ....

....

*En foi de quoi nous lui avons délivré
le présent diplôme signé de notre main.*

Le Directeur,

LE CORDON SÉRAPHIQUE

I. — Préliminaires.

Saint François, que Léon XIII a appelé « le plus beau saint qu'ait produit l'Eglise », naquit à Assise en 1182. Son influence dans le monde a été énorme; on a pu dire que depuis le xiii⁰ siècle aucune réforme, aucune institution populaire n'a été créée dont on n'ait emprunté l'idée à Saint François. Des milliers d'âmes fascinées par la beauté, l'harmonie, la souplesse de la vie franciscaine, ont voulu, suivant l'attrait de leur vocation, se rapprocher le plus possible de cet idéal, soit dans les deux premiers Ordres, soit dans le Tiers-Ordre de la Pénitence. Aujourd'hui encore une attirance toute puissante entraîne les âmes à la suite de Saint François, à son exemple elles s'efforcent de rallumer en elles et dans le monde refroidi les flammes de l'amour divin et de la charité chrétienne.

II. — Origine.

L'influence de Saint François a rayonné bien au-delà des trois Ordres dont il a été le fondateur, Franciscains, Clarisses, Tertiaires. Ce sont des multitudes qui ont été sous le charme de sa parole, de ses exemples. L'histoire nous dit quels élans d'enthousiasme suscitait, dans l'Italie entière, sa prédication. Des foules immenses buvaient ses paroles. Par piété, par attachement beaucoup auraient voulu revêtir les livrées franciscaines; ne le pouvant pas, elles se ceignaient de la corde symbolique. L'exemple venait d'un saint. .

Un jour, dans une entrevue demeurée célèbre, Saint Dominique pria Saint François de lui donner, comme symbole de la charité fraternelle qui les unissait, eux et leurs familles spirituelles, la pauvre corde qui lui ceignait les reins. « Je la porterai toujours, dit-il, sous ma robe blanche. » François refusa longtemps, par humilité, mais les instances du pieux solliciteur finirent par l'emporter. Telle fut l'origine d'une dévotion qui se répandit promptement dans toute l'Eglise.

III. — Histoire de l'Archiconfrérie.

Saint Dominique, le Patriarche des Frères-Prêcheurs, fut donc le premier en dehors de la famille franciscaine qui porta le cordon de Saint François. Il eut de nombreux imitateurs. Dans toutes les contrées où pénétraient les Frères-Mineurs la dévotion au Cordon de Saint François ne tardait pas à s'implanter. Après la mort du saint fondateur cette dévotion ne cessa de se développer.

A la fin du XIV⁰ siècle, déjà la coutume de

ceindre le Cordon de Saint François était devenue populaire. Bien plus, les princes, les rois se
faisaient un honneur de le porter. François, duc
de Bretagne, le mit dans ses armoiries. Anne de
Bretagne, sa fille, épouse successive de
Charles VIII et de Louis XII, propagea l'usage
de cet ornement. En 1515, François Iᵉʳ pour manifester sa dévotion envers saint François, dont il
portait le nom, plaça le cordon dans ses armoiries et modifia les insignes de l'ordre de Saint
Michel en y introduisant la corde franciscaine.
Ce fut le Pape Sixte-Quint, de l'Ordre des Frères-Mineurs, qui, le 19 novembre 1585, établit, à
Assise, *l'Archiconfrérie des Cordigères*, ou du
Cordon de Saint François, dans la Basilique où
repose le corps du Séraphique Patriarche. D'autres Pontifes Romains, entre autres Paul V,
Grégoire XV, Clément X, Innocent XI, Innocent XIII, Benoît XIII, et en dernier lieu
Léon XIII lui accordèrent de nouvelles faveurs
et l'enrichirent de nombreuses indulgences.

IV. — Esprit de la dévotion
du Cordon.

Un Cordigère est un chrétien qui désireux
d'imiter saint François, mais sans appartenir
cependant à aucun des trois Ordres dont il est
le fondateur, porte pieusement la corde franciscaine dans le but de s'attacher intimement à
Dieu et de le servir avec plus de fidélité. Le
véritable esprit de la dévotion du Cordon

Séraphique, Sa Sainteté Pie IX l'indiquait aux Ursulines de France, en décembre 1871 : « Dans la dévotion du Cordon, ce ne sont pas les indulgences et les privilèges qu'il faut rechercher, mais c'est aussi la vertu attachée au port de ce saint Cordon en souvenir de la Passion du Sauveur, il nous excite à participer quelque peu à ses souffrances. C'est en mémoire des cordes qui entravaient les pieds du Divin Maître ou qui meurtrissaient ses poignets quand il fut lié à la colonne que le chrétien accepte de se ceindre du Cordon. Le Cordigère tient encore par cette dévotion à honorer saint François ».

Si parfois la corde nous apporte quelque gène, soyons heureux de souffrir un peu pour l'amour de Jésus crucifié.

Le Cordon est un symbole de chasteté rappelé par les paroles du cérémonial : « Placez cette corde sur vos reins afin qu'ils soient ceints du signe de la chasteté. »

Enfin la Corde Franciscaine est un signe de notre attachement indestructible à Jésus-Christ et à saint François, son fidèle imitateur.

V. — Conditions.

Il faut recevoir le Cordon des mains d'un religieux (1) ou d'un prêtre délégué à cet effet par le Général des Frères-Mineurs Conventuels.

____

(1) Un rescrit de Pie X (14 décembre 1904) accorde aux Supérieurs des Capucins le pouvoir d'ériger, du consentement de l'Ordinaire du lieu, dans leurs propres égli-

Le prêtre bénit le Cordon avant de l'imposer.
Lorsque le Cordon est usé on peut en prendre
un autre sans une nouvelle bénédiction. Le
Cordon peut être en laine, en fil ou en coton
de couleur blanche ou écrue. Il faut le porter
sur les reins en double. Si on le quitte par
négligence, on ne participe pas, pendant ce
temps aux indulgences, aux faveurs spirituelles
concédées par le Saint-Siège. En entrant dans
l'Archiconfrérie on ne contracte aucune obligation à laquelle on soit tenu sous peine de pé-
ché. Le nom des récipiendaires doit être inscrit
sur le registre d'une Confrérie canoniquement
érigée.

VI. — Qui peut être admis
dans l'Archiconfrérie.

Tout le monde peut faire partie de l'Archiconfrérie du Cordon, les grandes personnes,
les enfants, les prêtres, les religieux, les reli-
gieuses de n'importe quel Ordre ou Congrégation.
Saint Joseph de Cupertino convertit le prince de
Brunswick, qui était venu le visiter, en le ceignant de sa corde, en même temps qu'il lui di-
sait : « Je te ceins pour le paradis »; aussitôt
le prince luthérien, changé par la grâce, abjura
le protestantisme, se déclara catholique et s'ins-

---

ses, des Confréries de Cordigères et de déléguer quand
ils en sont légitimement empêchés, un autre religieux,
approuvé pour les confessions, pour bénir les cordes et
donner aux cordigères la bénédiction papale annuelle.

crivit de sa propre main sur le registre des Cordigères. Saint Pascal Baylon, engageait vivement les fidèles à prendre le Cordon de Saint François. Saint Benoît-Joseph Labre, après s'y être préparé par la réception des sacrements, reçut le 20 novembre 1770, le Cordon Séraphique, au Sacro Convento d'Assise. Il s'efforça toute sa vie de pratiquer les vertus dont le Cordon est le symbole. Saint Benoît Labre est regardé comme le patron des Cordigères.

La dévotion du Cordon convient à tous les âges, à toutes les conditions sociales. Cependant, vu l'ambiance mauvaise où vit trop souvent la jeunesse, il semble qu'il y aurait de grands avantages spirituels à agréger à l'Archiconfrérie du Cordon, les enfants qui n'ont pas encore quatorze ans. Ils s'habitueraient ainsi à porter le Cordon, s'initieraient à l'esprit de pénitence, au sérieux de la vie, et à l'heure des crises de la jeunesse ils en surmonteraient plus facilement les dangers. Enfin, ils s'orienteraient doucement vers le Tiers-Ordre, si vivement recommandé par Léon XIII et les pontifes qui lui ont succédé.

Que les pasteurs, que les directeurs et directrices de pensionnats, de collèges, que les parents chrétiens dirigent leurs efforts en ce sens, ils obtiendront, par la protection de Saint François, des résultats certains, et une formation chrétienne sérieuse pour leurs élèves et leurs enfants.

Les Tertiaires, qui désireraient appartenir à l'Archiconfrérie du Cordon, devraient le recevoir à part et d'un prêtre tenant ses pouvoirs du

Père Général des Conventuels. Les Directeurs du Tiers-Ordre, n'ont pas le pouvoir d'imposer le Cordon par le seul fait qu'ils sont Directeurs d'une Fraternité.

VII. — Obligations.

Les Cordigères n'ont pas d'autre obligation que celle de porter le Cordon. Aucune prière spéciale n'est indiquée, on les engage toutefois, à réciter, chaque jour, les six *Pater, Ave, Gloria* de la station du Très-Saint-Sacrement, prière si riche en indulgences.

VIII. — Principales Indulgences et faveurs spirituelles. (1)

Presque toutes ces indulgences exigent la confession et la communion.

1° BÉNÉDICTION PAPALE, une fois par an, le jour de l'Immaculée-Conception, 8 décembre (ou le dimanche suivant) (visite) ;

2° INDULGENCES PLÉNIÈRES : le jour de la réception du Cordon ; — le jour de la Fête du Titulaire de la chapelle de l'Archiconfrérie * (visite) ; — le jour de la réunion mensuelle (à la procession) ; — à l'article de la mort en invoquant, au moins de cœur, le nom de Jésus ; — Saint Antoine de Padoue, 13 juin ; — 2 août * (visite) ; — Sainte Claire, 12 août * (visite) ;

____

(1) D'après le sommaire publié par l'Archiconfrérie en 1917.

* Indique qu'il faut prier aux Intentions du Souverain Pontife.

— 15 août * (visite); — Stigmates de Saint François, 17 septembre; — Saint François, 4 octobre * (visite).

Par communication avec le Premier Ordre de Saint François, les Cordigères peuvent gagner les indulgences de la Couronne Franciscaine (n'exige pas la confession, ni la communion); de la Station du Très Saint Sacrement (six *Pater, Ave, Gloria*); de l'exercice du Chemin de la Croix. Ces indulgences sont gagnées chaque fois que l'on récite ces prières en état de grâce, elles sont applicables aux âmes du Purgatoire.

Les Cordigères participent au mérite de toutes les bonnes œuvres : prières, jeûnes, messes, etc., qui se font dans le Premier Ordre de Saint François. Cette communication de biens spirituels doit se faire aux fêtes de Saint François, de Sainte Claire, de Saint Antoine et des Stigmates, sans aucune solennité extérieure, de la manière suivante :

Communicamus vobis Fratres, orationes, jejunia, missas ceteraque opera bona quæ per Dei gratiam in nostra Congregatione et Ordine fiunt, in nomine Patris, † et Filii et Spiritus Sancti. ℟. *Amen.*

3° INDULGENCES PARTIELLES. — 3 ans et 3 quarantaines à la procession mensuelle (outre l'Ind. plén. marquée plus haut). — 5 ans et 5 quarantaines quand on accompagne le Saint Sacrement porté aux malades. — 7 ans et 7 quarantaines aux fêtes suivantes : Saint Bernardin de Sienne, Saint Antoine de Padoue, Saint Bonaventure, Sainte Claire, Saint Louis d'Anjou, Saint Louis roi de France, Saint François, Saint Pierre d'Alcantara, Saint Didace, Sainte Elisabeth de Hongrie, les saints Martyrs de l'Ordre, en visitant une église de l'Ordre des Frères Mineurs (conf., comm., prière aux intentions du Souverain Pontife). — 100 jours en assistant aux funérailles d'un défunt.

CÉRÉMONIAL

DE LA

BÉNÉDICTION ET DE L'IMPOSITION

DU

CORDON SÉRAPHIQUE.

Le prêtre muni des pouvoirs reçus du Ministre Général des Conventuels et revêtu du surplis et de l'étole de la couleur du jour, dira :

v. Adjutorium nostrum in nomine Domini.
r. Qui fecit cælum et terram.
v. Ora pro nobis, beate Pater Francisce.
r. Ut digni efficiamur promissionibus Christi.
v. Domine exaudi orationem meam.
r. Et clamor meus ad te veniat.
v. Dominus vobiscum. r. Et cum spiritu tuo.

OREMUS

Omnipotens et misericors Deus, oramus immensam clementiam tuam, ut hanc chordam (*vel* has chordas) benedicere † et sanctificare † digneris, ut quicumque sub invocatione S. Francisci ea cinctus fuerit (*vel* cincti fuerint) et misericordiam tuam imploraverit (*vel* imploraverint) veniam et indulgentiam tuæ sanctæ misericordiæ consequatur (*vel* consequantur).

Deus, qui, ut servum redimeres, Filium tuum per manus impiorum ligari voluisti benedic †, quæsumus, cingulum istum; et præsta ut famulus tuus, qui (*vel* famula tua quæ) hoc pœnitentiæ ligamine præcingitur, vinculorum ejusdem. Domini Nostri Jesu Christi perpetuo memor existat, tuisque semper obsequiis alligatum (*vel* alligatam) se esse cognoscat. Per Dominum nostrum, etc. ℞. Amen.

Puis il asperge le Cordon avec de l'eau bénite et, ceignant le récipiendaire, il dit :

Accipe chordam beati Patris nostri Francisci, ut sint lumbi tui præcincti, in signum continentiæ et castitatis. In nomine Patris et Filii † et Spiritus Sancti. ℞. Amen.

OREMUS.

Deus qui beato Petro Apostolo tuo, significans qua morte clarificaturus esset Deum, prædixisti ipsum in senectute ab alio fore cingendum; famulum tuum quem (*vel* famulam tuam quam) cingulo nostræ Fraternitatis præcingimus, tua, quæsumus, caritate præcinge, tui nominis salutari metu constringe, et cor ejus alliga tuorum ligamine mandatorum, ut auxilio gratiæ tuæ liberatus (*vel* liberata) a mundo, tuoque vinctus (*vel* vincta) servitio, in devotione, quam assumit, usque in finem jugiter perseveret. Qui vivis et regnas in sæcula sæculorum. ℞. Amen.

Si plusieurs personnes reçoivent le Cordon, on emploie le pluriel au lieu du singulier.

Puis le Prêtre continue :

Ego, auctoritate qua fungor et mihi concessa,

recipio te (*vel* vos) et suscipio ad participationem omnium bonorum spiritualium, quæ in toto Ordine Seraphici Patris Nostri Francisci ex gratia Dei habentur. In nomine Patris et Filii † et Spiritus Sancti. R. Amen.

Benedictio Dei omnipotentis Patris et Filii † et Spiritus Sancti descendat super te (*vel vos*) et maneat semper. R. Amen.

Avec la permission des Supérieurs.

Imprimatur :

Namurci, die 7 junii 1928.

J. CAWET, v. g.

IMP. J. DUCULOT, GEMBLOUX, (BELGIQUE)

SAINTS FRANCISCAINS

Antoine de Padoue (S.), par le P. LÉOPOLD DE CHÉRANCÉ. Vol. in-12 .... 9.00

Belle Procession des Saints Tertiaires Franciscains (La), par LOUIS GAUTIER (2e édition). Vol. in-12 .... 4.50

Claire d'Assise (Ste), par le P. LÉOPOLD. 1 vol. in-16 .... 7.50

Colette de Corbie (Ste), par A. GERMAIN. 1 vol. 9.00

Crispin de Viterbe (Bx). Le Saint Joyeux, par le Père PIE 7.50

Elisabeth de Hongrie (Ste), Patronne du Tiers-Ordre, par le P. LÉOPOLD. Vol. in-12. Illustr. 10.00

Elzéar de Sabran (S.) et la Bienheureuse Delphine, par GIRARD. 1 vol. in-12 .... 5.00

Félix de Nicosie (B.), par le P. HENRI DE GRÈZES, 1 vol. in-12 .... 9.00

Marguerite de Cortone (Ste), par LÉOPOLD 9.00

Rose de Viterbe (Ste), par l'abbé BARASCUD. Vol. in-12. .... 7.50

Véronique Giuliani (Ste), ou la Passion renouvelée, par le P. DÉSIRÉ DES PLANCHES. Illustr. 10.00

Manuel du Tiers-Ordre de Saint François, par le P. EUGÈNE 10.00

Parfaite Tertiaire (La). Vol. relié 8.00

Petit Manuel du Tiers-Ordre, par le P. EUGÈNE. 1 vol. relié 4.00

Petit office de la Sainte Vierge, latin-français, relié 3.50

Petit office de la Sainte Vierge (gros caractères) 1 vol. 5.50

Petit office de la Sainte Vierge, in-32, r. toile 4.00